AF185876

Tucholsky Wagner Zola Scott Sydow Freud Schlegel
Turgenev Wallace Fonatne Fouqué Friedrich II. von Preußen
Twain Walther von der Vogelweide Freiligrath Frey
Weber Kant Ernst
Fechner Fichte Weiße Rose von Fallersleben Richthofen Frommel
Hölderlin
Engels Fielding Eichendorff Tacitus Dumas
Fehrs Faber Flaubert
Eliasberg Ebner Eschenbach
Feuerbach Maximilian I. von Habsburg Fock Eliot Zweig
Ewald Vergil
Goethe Elisabeth von Österreich London
Mendelssohn Balzac Shakespeare Dostojewski Ganghofer
Trackl Lichtenberg Rathenau Doyle Gjellerup
Stevenson Hambruch
Mommsen Tolstoi Lenz Hanrieder Droste-Hülshoff
Thoma von Arnim Hägele
Dach Verne Hauff Humboldt
Karrillon Reuter Rousseau Hagen Hauptmann Gautier
Garschin
Defoe Hebbel Baudelaire
Damaschke Descartes
Hegel Kussmaul Herder
Wolfram von Eschenbach Darwin Dickens Schopenhauer Rilke George
Bronner Melville Grimm Jerome
Campe Horváth Aristoteles Bebel Proust
Bismarck Vigny Voltaire Federer Herodot
Gengenbach Barlach Heine
Storm Casanova Tersteegen Grillparzer Georgy
Lessing Gilm
Brentano Chamberlain Langbein Gryphius
Strachwitz Claudius Schiller Lafontaine
Katharina II. von Rußland Bellamy Schilling Kralik Iffland Sokrates
Gerstäcker Raabe Gibbon Tschechow
Löns Hesse Hoffmann Gogol Wilde Gleim Vulpius
Luther Heym Hofmannsthal Klee Hölty Morgenstern
Roth Heyse Klopstock Kleist Goedicke
Luxemburg Puschkin Homer
Machiavelli La Roche Horaz Mörike Musil
Kierkegaard Kraft Kraus
Navarra Aurel Musset Lamprecht Kind Hugo Moltke
Nestroy Marie de France Kirchhoff
Laotse Ipsen Liebknecht
Nietzsche Nansen Marx Ringelnatz
von Ossietzky Lassalle Gorki Klett Leibniz
May vom Stein Lawrence Irving
Petalozzi Platon Knigge
Sachs Poe Pückler Michelangelo Kock Kafka
Liebermann Korolenko
de Sade Praetorius Mistral Zetkin

Eva - Lilith

Bruno Ertler

Impressum

Autor: Bruno Ertler
Umschlagkonzept: toepferschumann, Berlin

Verlag: tredition GmbH, Hamburg
ISBN: 978-3-8424-8945-5
Printed in Germany

Eva

– – – –

Lilith

Gedichte

von

Bruno Ertler

1919

Wiener Literarische Anstalt

Gesellschaft m. b. H.

Wien   Berlin

Den Frauen meiner Wege

Buchsegen

Durch den großen Garten gehen,
Klingen hören, Leuchten sehen,
Froh bejahen, tief erleben,
Vom Erlebten freudig geben –
Wär's auch nur mit einem Blick –

Das ist Glück.

Eva

Heilige! Wunderbare!
Traum meiner frühen Jahre,
erstanden zur Wirklichkeit,
mit dem Atem der Erde geweiht –
Eva –!

In deiner Augen umfangenden Blicken
leuchtet des blühenden Lebens Entzücken,
seiner Früchte stille Erhabenheit
und das starke Wissen um all sein Leid.

Herzen Weitende –
Gabenvoll Schreitende –
Ruhegesegnete – –
Selig der Gottgeliebte,
der dir begegnete. –

Gebet

Du hast mir, Gott, dies wilde Herz gegeben –
Du weißt, warum.

O mach' es hart wie Erz
und gib mir Eisenkraft
und eine Flammenzunge,
dich zu künden
und deine Liebe.

Denn siehe: Dein Volk
mißhört dein Gebot
und kennet dich nicht. –

Höre mich, großer Gott!
Gib mir das starke Herz! –

Frühe Tage

Tage kommen, da es durch kahle Bäume weht
und alles in dir dem Gewaltigen offen steht –

und dann ist eine Nacht, zu heilig für den Schlaf,
in der dich der Herr mit flammender Geißel traf –

und ringend scheidet sich dir das Falsche und Echte.
Kennst du sie? Kennst du sie wohl, die Tage und Nächte?

Der Bettler

Mein Sinn ist hoch und stolz mein Herz,
Unnahbar ist mein Glaube –
Und stehe doch – ein Bettelmann –
am Wegesrand im Staube.

Ich habe, was ihr alle sucht
durch euer banges Leben –
und was ich von euch bitten mag,
ihr könnt es mir nicht geben.

Ich träum' von einer Krone Gold
aus allem Licht der Erden –
O laß mich, Herr, ein Bettler sein,
kann ich nicht König werden!

Vorübergehen

Alles ist ein Vorübergehen –
Grüßen – tastendes Händereichen –
und wenn wir uns in die Augen sehen,
so ist es ein Fragen, ein Abwehr-Flehen,
halbes Begreifen – halbes Entweichen.

Doch ist uns das bange Wunder geschehen,
daß wir tiefer Gemeinschaft heilige Zeichen
erschauernd plötzlich an uns verstehen –
dann mögen wir wohl wie im Traume gehen
und nächtlich blühenden Bäumen gleichen.

Denn über Wort und Gebärde weit
ist solcher Stunde Versunkenheit –
wie Lieder, die aus der Ferne wehen
und fernhin gehen nach goldenen Reichen. –

Ungesagte Worte

Ungesagte Worte sind,
die nur Wunsch und Wahn geblieben,
wie ein ungebornes Kind,
das wir sehnend lieben –

Seele, welche Form nicht fand,
heiße Bäche, welche rinnen
ungetrennt und ungebannt
tief nach innen. –

Frage

Ich habe die Sonne gefragt:
„Was wirst du mir heute geben?"

Wach' auf! Wach' auf! Es tagt!
Schaffen sollst du und leben
und fragen nicht!

Ich habe die Vögel gefragt,
die mir das Taglied singen:
„Was wollt ihr mir heute bringen?"

Wir haben es uns erjagt
und fragen nicht.

Dein Auge hab' ich gesehen
und eine Frage
zitterte tief in mir – –

Glaube
und frage nicht! –

Ewigkeiten

So beginnen Ewigkeiten – –

Wenn von herbstdurchbebten Bäumen
still die Blätter nieder gleiten,
wenn in blauen Sehnsuchtsweiten
eines Vogels Lied verweht – –
Wenn ich tief in deinen Augen
deine reine Seele grüße
und wir dann im Sonnensinken
wortlos betend heimwärts schreiten – –

So beginnen Ewigkeiten. –

Begegnung

Führte zu dir mich des Zufalls Spiel,
oder war es ein Gott mit Willen und Ziel?
Ich mag nicht fragen; ich weiß es nicht.

Doch in meiner Stube war so viel Licht,
als wär' von den Abendwolken allen
die rosigste just herniedergefallen,
und es war ein Klingen fern und nah,
und eine längst verschollene Stimme war da,
die sagte und sang vertraut und leise
von Lust und Leid eine liebe Weise,
wie die Mädchen in meiner Heimat singen,
wenn sie Hand in Hand durch den Abend gingen.

Bitte

Senke mir die Rosenkrone
tief in meine Stirne. –

Sehnsucht ließ zu dir mich finden
und den fernen, müdgetäuschten,
lieben, dummen Kinderglauben
hast du wachgerufen –
du – –
wie zuweilen noch die Sonne
eine Apfelblüte zaubert
spät im Herbst.

Oh, ich weiß es: Diese vollen,
roten Tage, die nun kommen,
tragen schwer –
schwer an Lust und Weh –
ich weiß es.

Drücke mir der Liebe Rosenkrone
tief in meine Stirne –
tief – –
daß ich ihre Dornen fühle.

Drei Stunden

Drei Stunden hat der Tag;
die andern sind ein Warten,
ein langer, harter Weg
zu einem lieben Garten.

Drei Stunden hat mein Tag;
das andre ist leere Zeit,
aber in diesen drei Stunden
ist Glück und Ewigkeit,

ist Feierabendfrieden
und aller Unrast Ruh',
Ziel alles Heimverlangens –
In diesen drei Stunden bist du –

Gesegnete Stunde

Wenn in die Wipfel vor dem Haus
die ersten grauen Schleier sinken
und über blauer Berge Rand
die ersten Silbersterne blinken,

dann wünschte ich, du wärst bei mir:
und über deine lieben Haare
streift' ich dir leise hin und wär'
dir seltsam nah'. Und all das Wahre,
das Gute, was ich für dich hab',
ließ' des Begehrens Brennen schwinden
und meine Liebe würde still
den Weg zu deinem Herzen finden. –

Meer

Aus der Unende
nach der Unendlichkeit
ziehen die Nebelschwaden
über das ewige Meer.

Dunkeldrohend
senkt sich die schwarze Tiefe,
düsterschattend
hüllen mich Wolken ein.

Von oben her grollt des Donners Ruf –
So war es, als Gott die Welt erschuf.

Ein suchendes, glühendes, fernes Licht
kommt und verschwindet.
Bist du es, mächtiger Geist?
Wohlan! Hier bin ich! Hier
zwischen oben und unten,
vom Dunkel umlauert,
von deiner Stimme umdröhnt,
im schwankenden, zitternden Kahne
eine Planke vom Tode getrennt –

So nahe war ich dir nie!
Nun mußt du es hören,
das Weinen und Lachen,
das Jubeln und Klagen
in meiner Brust –!

Hier magst du mich treffen,
segnen oder verdammen –!

Stille Stunde

Mein Herz geht still.
Es stürmt nicht mehr
und stockt nicht mehr,
es singt ein Lied
in ruhigem Takt,
ein reiches, abendtiefes Lied,
ein Lied vom Glück.

Mein Herz, das rang
und zuckend litt –
es schmerzt nicht mehr,
es zittert nicht,
es singt ein Lied:
Ich hab dich lieb – du hast mich lieb – –

Mein Herz geht still –

Ereignis

Rot und heiß,
fordernd und reißend
brandest du. –

Glühend lockt deiner klaffenden Tiefe Grund,
und was Leben jauchzt in dir,
was in dir Sterben droht,
Aufjubeln und Versinken,
Hingeben und Sein-Vergessen.
alles –
alles windet ringende Hände aus dir.

Lauterkeit,
grundtiefe, todbereite, gottfordernde Wahrheit
breitet die Arme,
reckt die Brust,
spreitet die Augen weit.

Ungemessene Gier
nach deinen roten Wellen,
lustschauderndes Grauen
vor deiner Unnahbarkeit
greift mich
und reißt mich zu dir –
und ich bin Gott begegnet,
dem wetterzornigen Feind der Lüge. –

Föhn

Die Erde wittert junge Kraft
und Wettersturz und Leidenschaft,
weit ist ein Brauen und Wehen –
Die Wolken schäumen in roter Blust,
als wär' ihnen erster Werdelust
aufwühlendes Wunder geschehen.

Du bist von Gott auf die Erde gestellt,
bist ohne Gedanken nur Sein und Welt
und tief in alles vermengt,
bist Berg und Sturm und Ewigkeit,
über alles erhöht, von allem befreit,
was je deinen Lauf geengt.

Ein Blütenquillen ist um dich her
und viel von Ahnen und Wiederkehr,
ein Horchen und zagendes Regen.
Du weitest den Blick nach den Bergen hin
und betest ein stammelndes: „Herr, ich bin!"
Und alles, alles ist Segen.

Liebesnacht

Es gibt keine Welt –
es gibt keinen Tod –
kein drängendes Irren mehr
und kein Morgen-Erwarten.
Reiner Bereitschaft zuckendes, großes „Ja!"
hüllt uns in jauchzende Brände
wollender Kraft –
und der Rausch, der aus uns aufloht,
reißt mit heilig frevelnder Gebärde
den glühenden Schöpferstab
aus der Hand Gottes
und zieht einen funkelnden Bannkreis
um unser Lager.
Aufschäumende, du!
Acker von Frühlingserde
unter dem ersten Pflug!
Sieh: Meines Denkens formender Wille
ist ein schöpfendes Dich-Gestalten
aus dem Anfang der Welt –
der reißende Schlag meiner heißen Adern
tönt das Urlied vom Garten Eden in meine Schläfen:
„Zwei Menschen waren allein auf aller Erde
und waren Form.
Doch da Liebe sie überfiel,
bäumte sich ihnen Lust und Schmerz
in einem begehrend feindlich umschlingenden,
in wilder Einheit endlos verklingenden
einzigen Schrei –
und sie lebten!"
Es gibt keine Welt –
kein Morgen mehr –
keinen Tod –
keine Frage –
nur tiefer Einheit volle Ewigkeit. –

Ferne Stunde

Wir werden nicht mehr oft mitsammen gehen,
was wir einander sagten, wird verwehen,
und vergessen sein, was ich und du gesehen. –

Aber vielleicht – ferne – fern einmal weckt dich ein Traum,
oder ein kleiner Vogel singt – oder es blüht ein Baum –
oder es ist nur ein Wehen – so – von irgendwann –
das schleicht dir ins Blut und hält deinen Herzschlag an
und vor dir steht es mit einem Male
groß und klar,
was an jubelnd bereiter Unendlichkeit,
an sorgender Liebe und lippenhart schweigendem Leid
damals um dich war. –

O könntest du dann noch zu mir finden,
Heilige – Reine – du –!
und bebend mir das ersehnte Wunder künden,
das uns über darbender Tage Pein,
über Zweifel und Lüge
hoch und allein
in mütterlich bergenden Armen trüge. –

Gang durch die Tiefe

Mich hat die Tiefe verschlungen. –
Hoch über mir
schlug das Meer des Tages zusammen
und was droben gleißt,
was flieht und jagt und lügt,
die Sonne sucht und die Sonne schändet,
ist meinen Sinnen fern
und fern meinem Herzen. –

Mich geleitet das summende Lied der Entrücktheit,
Melodien, die von der Ewigkeit stillen Ufern nach mir langen,
Anfang und Ende sind und den Kampf nicht kennen,
nicht Liebe haben,
nicht Sehnsucht,
keinen Haß und kein Weh,
nur des Werdens und Vergehens
unnahbare Gottesruhe. –

Ich wandle in ihrem rauschenden Kleide,
tief versunken,
und meine Seele fließt mit ihnen
fort in des ewigen Vaters atmende Brust. –

Abschied

— — — — — — —
und nun leb' wohl –.
Noch einmal deine Hand –
und gelt: Du denkst an mich,
wenn's Abend ist wie jetzt –
wie jetzt – –.

Es wird ja lange sein,
eh's wieder wird wie heute,
und Tage werden sich an Tage drängen
und klingen werden sie und farbig sein und lachen –
– – dann lache mit.

Es wird ja lange sein –
vielleicht wird's nimmer so wie heute –
wie heut' – – –.

Leb' wohl –
gib mir die Hand –
und denke dran –
wenn's – Abend – wird –
Du – – –!

Nebel

Sie trieben mich fort in ein nebliges Land,
mir Liebe und Lenz zu verpatzen.
Ich geh' durch den Ort, einen Stock in der Hand,
und zähle die grauen Katzen.

Ich wandere weit, und ich wandre allein
verlaß'ne, verlorene Strecken
und stoße den Stock in das morsche Gestein
und zähle die schwarzen Schnecken.

Im Herzen gerinnt mein lebendiges Blut,
wenn fröstelnd im Nebel ich walle. – – –
Die Katzen und Schnecken gefallen mir gut –
Euch aber hasse ich alle.

Es war

Eine Stunde weiß ich,
da der Abend kam
und des Tages Glühen
mit sich nahm.

Blaue Augen weiß ich,
dunkelgoldnes Haar,
eine weiße Stirne
licht und klar. – –

Viele Stunden kamen,
viele gingen hin –
eine will mir nimmer
aus dem Sinn. –

Heimkehr

Und als ich wiederkam, da war es Nacht,
dein Fenster dunkel – und der Regen fiel,
ein Windhauch flüsterte im schweren Laub,
das zart erwachen wollte, als ich schied. –

Und du bist fort. –

Ich geh' die Treppe, die ich einst mit dir
so oft gegangen, nun allein; ich steh'
allein am Fenster, das uns oft zu zweit,
wenn Regen in den Blüten war, umrahmt.

Ich denke viel daran, wie's damals war
und streife leise über alles hin,
was dich berührte und was du berührt:
Das Tuch aus gelber Seide – unsre Bilder,
die blaue Vase mit den welken Blumen – –

Ganz leise sprech' ich dann ein liebes Wort,
das wir einander da und dort gesagt –
und steh und horche still und bin allein –

Und bin allein. –

Schwere Tage

Schwere Tage sind.
Grau fröstelt der Himmel
und es friert dein Herz.

Tage wie müde Schnecken,
Tage, an denen du nur
blassen, hungernden Kindern
und feindlichen Menschen begegnest.

Schwere Tage sind.
Du pochst an verschlossene Türen
und niemand ist –
niemand –
der dir öffnet. –

Nachklänge

Nun klingt es nach
über die Gärten hin,
wo es früher still war und einsam –
ein Lied, das verweht
und voll Schönheit war. –

Alles, was Leben heißt,
zuckte darin
und verglühte –
Alles, was Sehnsucht ist,
rang seine Bitte darin
verschwiegen und heilig. –

Die Gärten lächeln und lauschen. –

Wolken im Abendrot: Glühende Sucht,
in kühler Reinheit ferne verschwebend –

Unser Bild – unser Zeichen. –

Abend

Hinter blauen Bergen
glüht der Abend aus.
Segen sinkt hernieder
über Baum und Haus.

Brennende Leidenschaften
werden ein mildes Licht,
irrender Tage Sehnen
wird zum stillen Gedicht,

und rings in dieser Stunde
ist allversöhnte Ruh. –

Der selben Gottheit Kunde
sind Wolke, Berg und du. –

Zwischenspiel

Wenn es ein Wunder gibt, so ist es dieses:
daß Gott uns beides legte in die Brust,
die Seligkeit des reinen Paradieses
und seiner Erde menschenechte Lust.

Und was er einte, sollen wir nicht trennen,
dem Strahl nicht fluchen, weil wir Dunkel sind;
er gab uns beides, daß wir ihn erkennen,
und nur der Kämpfer ist sein liebstes Kind. –

I.

In dem finsteren, freudleeren Amtslokal,
wo mein buckliger Vetter Schreiber ist,
und zwischen Paketen, Papieren und Mist
immer noch glaubt an den Sonnenstrahl,
der irgendwo ferne, irgendwann
auf ihn freundlich wartet und der ihm dann
alles lächelnd vergelten soll – –
was hätte ich dort in der Öde verloren – ?

Ich weiß es noch: Kaum sah ich dich
in der Gruppe der blassen Mädchen stehen,
die dort ihren farblosen Alltag gehen
und mit müder Neugier herschauten auf mich
– weil ich fremd war und andere Augen habe –
da fühlte ich dich auch schon in mir. –

Und nun gehst du mit mir und bist immer nah',
und ich weiß deinen Namen nicht –
doch die alte Weise ist wieder da,
die vom Glauben und Lieben spricht – –

Und mein armer Vetter mit der schiefen Brille
vor den welt-verzeihenden, grauen Augen,
die sich so gläubig an alles Lichte saugen,
ist der tiefe Freund meiner einsamen Stille
und ahnt nicht, warum ich ihm Gutes tu' –

– ich selber weiß nicht, wie es geschehen –
denn du
hast doch nur einmal –
nur einmal
ganz flüchtig nach mir gesehen. –

II.

Ich weiß deinen Weg – und brauche ihn gar nicht zu sehen;
denn früher einmal, vor vielen, langen
Jahren bin auch ich dort gegangen,
wo im Garten am Bach die farbigen Häuser stehen.
Im lichten Abend grüßt dich nun jedes Kind,
du lächelst und nickst nach ihnen zur Rechten und Linken
und freust dich, wie hell auf den Stangen die Glaskugeln blinken
ken
und daß die Rasenstücke schon voller Knospen sind.

In deiner Kammer legst du den Hut mit dem roten Band
auf die Kommode; indes deine schmale Hand
wie im Sinnen verloren über die Haare streicht,
geht dein Blick in die Ferne, wo hinter den letzten Dächern
leicht
eine zarte Wolke im Sonnenscheiden glüht.

Und da ist es plötzlich in dir voll Lust und Klage,
da ragst du frei und groß über deine Tage –
und bist in mir und bist in allem zugleich,
des Lebens voll – und wie eine Gottheit reich.

III.

Mit jedem Schritt vergingen
wir tiefer im wogenden Feld,
im Leben von tausend Dingen,
die sich in unserem Schweigen
im stummen Abendreigen
verliebter Falter fingen –
mit jedem Schritte gingen
wir weiter aus der Welt.

Und haben sie verloren;
auf Traumwegen Hand in Hand
nicht Lieb' und Treue geschworen,
nicht morgen noch gestern berufen – –
Die Schritte bauten uns Stufen,
entführten uns allen Toren –
Wir gingen der Welt verloren
und fanden eigenes Land. –

IV.

Ein großes Atmen ist in meinem Sein –
Alles Belebten gottvolles Regen,
alles Gewollten formender Segen –
So Bild, wie Seele – Meer, wie Uferstein.

Wo sich im Tanze die Lust geschwungen,
bin ich ihr jauchzend vorangesprungen,
stöhnte ein Sterben an düsterer Stätte,
stand ich als wissender Freund am Bette.
Liebesgarten und Treuetrug,
Abschiedsklage und Siegeszug –
Alles flutet in breiten Wellen,
alles grüßt mich, seinen Gesellen.

Und es wird mir, daß ich mich sehe,
wie ich mit offenen Armen stehe,
vom Selbst in dem Ganzen mich zu erlösen,
zu sterben um eines Windhauchs Wesen. –

V.

Mein Vetter las ein altes Buch
mit Gedichten vom Leben und Lieben
und hat, wo die innigsten Verse stehn,
deinen Namen dazugeschrieben.

Und, als er merkte, daß ich es gesehn,
da hat er mich bettelnd umschmeichelt
und suchte nach Worten – und fand sie nicht –
und hat meine Hand gestreichelt. –

VI.

Daß wir uns heute – heute erst fanden – –
Wie nenne ich sie mit brennenden Namen,
die es verschuldet!
Wie treff' ich uns mit zorniger Klage,
die wir' s geduldet!
Denn was in uns beiden heute nach Offenbarung drängt,
das hat sich vor Jahrmillionen in schaffenden Keimen ver-
mengt.

Ich bin das erfüllte Umschlingen
und du das bereite Warten,
ich bin dir Sonne und Regen
und du die Erde im Garten –.

Durch hundert blühende Tage
und tausend Nächte voll Leid
sind wir zu Menschen geworden
mit Grauen und Seligkeit –

und liefen aus fremden Weiten
in eine Spitze zusammen
und lodern aus feindlichen Polen
in einiger, jauchzender Flamme – !

VII.

Du betest: „Lieber Vater, gib,
daß ich den Weg behalte,
und laß nicht, was mich gläubig trieb,
als Blitz und Flamme walten.

Gib meine wachen Sinne nicht
dem heißen Traum zur Beute –
Ach, den ich liebe, fürchte ich,
und das herrische Du! und Heute!"

VIII.

Wenn auf den hohen Altären
die letzten Brände verrauchen
und die großen Seltenheiten
ins Taggewohnte tauchen,

dann ist noch ein heißes, langes,
aufbäumendes Händefassen
und zugleich ein wissendes, banges
Verstehen und Verlassen – .

Da wird uns tiefes Erkennen,
daß wir selten und einsam stehn,
daß Dinge, die keiner zu nennen
vermöchte, mit uns geschehn,

und daß wir entbehren müssen
von des Tages breitlachendem Glück,
weil wir uns zu hoch erhoben
in einem einzigen Augenblick. –

IX.

Lang war ein Schweigen
überall –
wir sahen nicht Feld und Berg,
nicht Wolken –
nur weit – weit – drüber weg
– Himmel weiß, wohin –
wo wir uns selber suchten.

Denn du, mein armer Vetter, und ich
verstanden es beide,
daß es schwer in uns sein mußte.
Sollt' ich dir tragen helfen –?
Halfst du mir –?
— — — — — — —
Und dann hast du gesprochen –.

Worte umgaben ein Drängen,
verhüllten Schmerzen,
trösteten Tränen;
dann und wann
standen sie schützend
vor einem Schrei –.

O ja, mein Vetter, ich lebe
in dieser Worte brennendem Wesen –
Leergreifende Hände
jahrelang –
und das trutzige immer – wieder – Glauben
und das einmal – einmal – Finden – oh –
Willst du sie mir nennen,
die blitzenden, harten Juwelen
meiner unnahbaren Krone – !
— — — — — — —
Sieh, wie der Tag sich senkt –
es wird ein klarer Abend – –
Meine Wege führen weit.

Still, mein Vetter –

laß uns einander nahe weilen – –
und morgen –
morgen will ich
dein Freiwerber sein. –

X.

Oh, die ergebenen Frauen zu sehen,
wie sie müde mit ihren Gatten gehen –
und zu denken, daß sie vor kurzen Jahren
starke, hochfordernde Mädchen waren,
die nun alles vergaßen und alles verrieten
und nicht mehr wünschen und kaum noch bieten –

Und zu denken, daß du in nächster Frist
auch eine von den Gelebten bist – –

Und warst wie ein blühender Sang der Liebe –

Oh, daß doch e i n e das Flammenlied bliebe!

XI.

Ave Maria!
Gegrüßt seist du, Königin,
Mutter und Martyrin,
Liebevertraute!

Zu dir beten
ist außer sich stehen –
im Überweiten
willig vergehen –

Eigenleid bannen,
Weltsorge trinken –
ganz versinken
in deiner Hut –

nur eines flehen:
„Nimm dies Geschehen!
Wie du es wendest,
so ist es gut." –

XII.

Die Sonne zittert im jungen Laub,
durch wehende Lüfte schwimmen
im alten Dreiklang des Feiertags
verhaltene Glockenstimmen.

Nun richten sie dir die Hochzeit aus
und läuten's in alle Weiten
und führen dich mit Gepränge nach Haus
und wünschen dir glückliche Zeiten. –
– – – – – – – – – – – – – – – –
Ich steige langsam die Höhe hinan
und denke an unser Lieben –
wie es kam und lachte – und wieder verrann
und wie uns sein Bestes geblieben. –

Das Herz in dem weißen Birkenstamm –
das habe ich damals geschnitten – – –
Im Tal ist ein blauer Reitersmann
durch den goldenen Herbst geritten. –

Lilith

Du aber bist die Gefahr der halbwachen Stunden,
bist die erwartete Feindin, nie überwunden,
gleißende Münze der Welt für den tiefsten Verrat,
Schrei des Versinkenden, Seele verworfener Tat –
Lilith –!

Seit du des Knaben einfachen Schlummer gestört,
hast du ihn je und je gegen sich empört,
glühtest im Tanz um des Täufers Haupt als würgende Lust,
flackerst als roter Triumph zwischen Dolch und Brust –
Unbeseelte –
Grauenvermählte –
gärend im Blut Verspürte – –
Selig der Auserwählte,
den sein Weg dir entführte!

Narrenliebe

Zum Narren sprach die holde Königinne
– ein spöttisch Lächeln lag um ihren Mund,
desgleichen lächelte der Hof im Rund –:
„Sag', Schellenohr, was hältst d u von der Minne –?"

Der Narr, der ihr zu Füßen an den Stufen
des Thrones saß, zuckt, also angerufen,
jählings zusammen, wandte sich sodann,
sah sie aus Schattenaugen lange an
und sprach kein Wort. –

               Die schöne Königin
blickt erst auf ihn, dann da und dorten hin,
das Lächeln fiel von ihrem Angesicht,
sie wollte sprechen – und doch sprach sie nicht –
Zwei dunkle Augen brannten heiß und trunken,
und alles andre war um sie versunken. –

Die Damen und die Ritter rings herum
verhielten sich gleich ihrer Herrin stumm.
Ein Höflingswitz wagt schüchtern sich hervor,
allein er findet kein geneigtes Ohr.
Es räuspert sich ein ältlicher Abbé,
und die Marquise flüstert: „Eh – voyez!"
Die Damen senken ihre Augenlider,
versteckte Blicke huschen hin und wider,
und allenthalben hat man das Gefühl:
's ist äußerst intressant – nur etwas schwül. –

Doch unbeweglich sieht die Königin
mit großen Augen nach dem Narren hin,
und unbeweglich, groß und heiß und starr
sieht auf die Königin der bleiche Narr. –

Vom Park herein schleicht einer Amsel Sang
sehnsüchtig werbend – sonnenheimatbang.

Der Narr steht auf; noch immer wie gebannt
hält er das Haupt der Herrin zugewandt –

dann geht er stumm und müde aus dem Saal. –
Und wie zugleich der Abendsonne Strahl
goldrot durchs hohe Bogenfenster scheint,
da hat die stolze Königin geweint. – –

Auf weißem Ufersand im Abendrot
fand man den jungen Narren bleich und tot. –
– – – – – – – – – – – –

Ja, schöne Königin, nun bist du's inne:
So halten es die Narren mit der Minne.

Sternschnuppen

Den nachtblauen Himmel hinunter
fährt ein Stern.
Warum? In welche Weiten?
Ich wüßt' es gern. –

Ich habe dem flimmernden Flüchtling
lange nachgedacht –
Er hat mein Herz hell jubeln,
er hat es ahnen gemacht.

Es geht wohl ein Mädchen im Walde
an fernem Ort,
Es sah den Stern und flüstert
ein scheues Wort. –

Liebelei

Lächelt der Sonnenschein,
schwindet der Schnee.
Warm wird dem Herze mein,
wenn ich dich seh'.

Weit in die Welt hinein
flattert mein Glück,
und in die Augen dein
kehrt es zurück.

Nimmermehr frage ich,
ob du mich liebst.
Weißt deine Tage nicht,
was du mir gibst.

Schäkert der Sonnenschein,
scheucht er den Schnee.
Seh' ich dich, Mädel fein,
flieht mich das Weh. –

Osternacht

Silberlichte Wolkenelfen
schäkern mit dem hochbejahrten,
immer noch verliebten Mond.

Aus dem hohen Giebelfenster,
wo des knurrig strengen Alten
schöne Tochter unschuldweiße
Mädchenträume schlafen soll,
leuchtet ängstlich und verstohlen,
dennoch treulos unverhohlen
einer Ampel tiefes Rot.

Und ein frühlingsliebestoller,
großer, dicker, schwarzer Kater
überspringt die Gartenmauer. –

Frühling

Tage kommen frohen Schrittes
liederhell mit lichtem Blick –
leicht in reichen Geberhänden
jede Stunde trägt das Glück.

Tage streuen milden Segen
aus der Blütenbäume Pracht –
aus den Sonnensilberfäden
weben sie den Traum der Nacht.

Kind, so gehen alle Wunder
erdenher und himmelwärts –
steh' nicht taub und drücke jede
schnelle Stunde an dein Herz!

Heimliche Liebe

Und wenn sie dich umschwirren
und Schmeichelworte girren
galant und zart,
wenn ihre Augen spielen
und wenn sie nach dir schielen
verliebter Art –

Und hat auch ihr Gekose,
so närrisch, süß und lose
dir's angetan,
ja, wenn ich es auch wüßte,
wie mancher dich wohl küßte –
was geht's mich an? –

In deinen Augen flirrt es,
ein Stäubchen Heimatlicht,
ein sonnenweit verirrtes –
Sie sehen's nicht.

Und würdest du auch nimmer
die Meine sein –
dies Stäubchen Sonnenschimmer
ist dennoch mein. –

Nächtlicher Gang

Still ist die Nacht, die toten Gassen schweigen
und einsam hallt mein müder Schritt.
Die Sehnsucht kam und löst' mich aus dem Reigen
und nahm mich mit.

Fern hör' ich noch die hohen Geigen sinken
zum tollen Tanz,
die Menschen lachen, und die Becher klingen
beim Mummenschanz. – –

Die Nacht ist still; es jauchzen tausend Lieder
im Herzen mir –
und doch mir eins und immer eines wieder:
Das Lied von dir. –

Schattenriss

Eine feine, weiße Wolke
schwimmt im lichten Abendhimmel.

Dunkelschattig, zartgesondert
ragen schwarze Fichtenkronen,
Giebeldach und Zaun und Brunnen,
wie mit scharfer, schmaler Schere
sorgsam zierlich ausgeschnitten. –

Fern ein Windrad hebt gelassen,
wie im Traume seine Flügel,
zögernd klingt im klaren Schweigen
tief und voll das Holz am Holze. –

Spruch

Ist ein Tag gewesen
voller Sonnenschein –
schließ' ihn fest in deinem
Herzen ein.

Wenn des Zweifels Stimme
hämisch in dir spricht,
Torheit wäre alles –
glaub' ihr nicht!

Ewig lebt die Stunde,
da du rein gelacht –
Echte Sonnentage
mordet keine Nacht. –

Blüten

Durch die Blütenzweige
Spielmann Frühling zieht,
hell von seiner Geige
springt ein Reigenlied.

Und ich hab' das Singen
dir ins Herz geküßt:
Drinnen mag es klingen,
wenn es Winter ist. –

Erwartung

Komm! Warum säumst du noch?
Sieh: Meine Lampe aus Rohr
mit gelbem Papier umspannt
glüht in der Kammer. –
Liebe, was säumst du?

Hörst du: Ein Einsamer singt
ferne ein einsames Lied;
Sehnsucht heißt es.

Draußen träumen die Blüten.
Weißt du den Flieder am Zaun?
Sieh: Ich habe die schweren
Blumentrauben voll Duft
auf unser Lager gestreut,
daß sie dich küssen. –
Komm – !

Fensterpromenade

Fast alle Häuser schlafen noch in der alten Gasse.
An ihren Schnörkeln und Giebeln hängt der graue, nasse
Morgennebel in boshaft träger Masse.

Ich weiß ja, Lilith, daß es eine Torheit ist,
in so freudloser Stunde vor deiner Türe zu stehen
und verliebt nach einem verhängten Fenster zu spähen,
wie in dummen Knabentagen – die man doch nie vergißt.

Ich würde auch heute noch gleich beschämt verschwinden,
wenn sich der Vorhang bewegte da oben hinter den blinden,
milchopaligen Scheiben; denn du sollst mich nicht finden,
wenn ich stumme Zwiesprach halte mit meinem Echten
und weit bin von allem Klugen, Bedachten und Rechten –.

Träumtest du, Lilith? Oder hast du sinnend gewacht?
Oder war mein Freund, der schöne, bei dir heute Nacht!
Und ihr küßtet euch oft – und habt über mich gelacht – –
Siehst du: nun weiß ich plötzlich, daß du mich gar nicht liebst
und dich dem andern mit der spöttischen Stirne vergibst,
denn er hebt dich in keine heiligen Himmel, gleich mir,
und betet nicht selig zu allem Reinen in dir
und wird dir nimmer sein Erstes und Letztes weihen,
wie ich getan. – Und das kannst du mir nie verzeihen. –

Letzte Nacht

Hörst du? es mahnt der laue Wind
draußen in knospenden Bäumen,
küßt in der silbernen Lenzesnacht
tausend ahnende Blüten wach –
treulos tollt er und flieht geschwind,
kennt kein Träumen und Säumen.
Doch die Knospen, sie fühlen das Glühen
des Lebenskusses und müssen blühen.

Hörst du? Es wirbt der Frühjahrswind:
Küss' in der Nacht, da die Knospen sind,
in den Stunden der werdenden Lieder!

Hörst du? Er flieht mit der Jugendzeit –
morgen schon bin ich wie er so weit –
nimmer seh' ich dich wieder. –

Weisst du noch?

Einer Lampe matter Schimmer,
Dämmerschatten rings im Raum,
Bilder aus verblühten Tagen,
einer Standuhr Ticktacktraum –

Und mein Haupt in deinem Schoße,
deine Hand auf meinem Haar –
und dein Herz so nah – so nahe –

Weißt du noch, wie's damals war – ?

Der Fremdling

Becherklingen, Farbenlichter,
lustumwunden Falsch und Wahr,
heiß vom Tanze die Gesichter
seitwärts huscht ein einig Paar. –
„Wo die hohen Tannen rauschen,
soll uns niemand heut belauschen –"
Nur ein Fremdling
streift vorüber – –
„Laß den Fremden einsam gehn –"

Überm Dorf die Wolken hangen,
durch die Nacht der Regen weint;
alle hält der Schlaf umfangen
leidversöhnt und liebvereint.
Die sich nächtens meiden müssen,
werden sich am Tage küssen. –
Nur ein Fenster
leuchtet müde
fremden Auges durch die Nacht.

Wo die fernen Berge ragen,
ahne ich ein sonnig Land,
wo ich in versunknen Tagen
alles suchte – alles fand –
und an der Erfüllung Toren
alles – alles hab' verloren – –.

Meine Tage
ohne Klage
will ich fremd und einsam sein. –

Herbstgedanken

Einst war es so schön und so duftig drauß',
es klang und sang über Berg und Tal
von Glück ohne Reue, von Lieb' ohne Qual
und die Welt war ein farbiger Hochzeitstrauß,
da gaukelte Mücke und Schmetterling,
und an jeder Blume ein Käfer hing,
glitzgoldig und blitzeblau
und trank sich rauschig am Tau.

Wie war der Morgen so rein und reich
und der Tag so warm und der Abend so weich
und die Nacht so tief und schwer,
samtdunkel und sternenhehr.
Im weinlaubwuchernden Gartenhaus
das Windlicht löschte ein Schwärmer aus
und starb mit dem zuckenden Schein. –
Wir blieben lange allein. – –

Die Sonne kehrte zum Vater zurück,
Die Nebel trauern um Licht und Glück,
es fallen die Blätter fieberrot,
und die Blume ist welk und der Käfer tot –
Der Sterbewind stöhnt aus dem Norden – –

Wie ist das alles geworden?

Nach dem Sturm

Gefall' ich dir am Ende –?
Das tut mir herzlich weh.
Laß deine lieben Hände
von mir – und geh – und geh – –.

Magst einen andern kosen
und mit ihm glücklich sein –
Mich harten, heimatlosen,
mich laß allein – allein –.

Sieh mich doch an, du Kleine:
Die Narben im Gesicht,
die Falte hier, die feine,
das kennst du nicht – noch nicht.

Ich kann auch gar nicht küssen,
nichts hab' ich, was mir blieb.
Wir werden scheiden müssen – –
Ich hab' dich lieb – zu lieb.

Der Weg

Am Abendhimmel standen die Sterne,
der Glocken betendes Dämmerlied
schlich sehnsuchtstraut aus träumender Ferne.
Die Grillen schrillten am Wegesrand,
zwei Menschen gingen durchs hohe Feld –
sie hielten einander an der Hand.

— — — — — — — — — — — — — — —

Der Herbststurm rüttelte durch das Land,
viel gelbrote Blätter deckten den Sand,
viel Jahre waren vergangen. –
An rauhem Abend da hasteten zwei
bleich, kalt und fremd aneinander vorbei – –

Die Glocken ferne erklangen. –

Die Stunde

Schweige still und erkenne:
Niemand ist dein Genoß.
Willst du der Stunde zürnen,
weil sie vorüberfloß?

Hat dich ihr Licht auch verlassen,
war es doch einmal nah'.
Lerne in Demut danken,
daß ein Wunder geschah.

Träumen magst du und sinnen
bauen und hoffen zu zwei'n,
bald an verschlossenen Toren
wirst du verraten sein.

Nur in der einsamen Stunde,
wo du dich Gott offenbarst,
trauend nicht Aug' noch Munde,
wirst du mehr als du warst.

Spruch

Wer einmal tief aus dem Innern geweint
und aus jubelnder Brust gelacht,
der versteht den Tag, wenn die Sonne scheint,
und die raunenden Schauer der Nacht.

Und wer einen Sonnenstrahl blinken sah
in Augen noch tränenfeucht –
der weiß: Es gibt keine lastende Nacht,
die nicht einem Morgen weicht. –

Nachher

Und daß es wieder ein Nachher gibt – !
Diese fragenden Räume und leeren Zeiten
und die plötzlich verzerrten anderen Seiten
an allem, was man um eines geliebt!

Daß man wieder steht an verschlossenen Pforten
und Hunger leidet im Überdruß –
Oh, daß man nachher noch leben muß
mit dem grellen Hohn in heiligen Worten!

Und geben muß und zum Glauben drängt,
dem stürmenden Aufwärts nie entflieht,
den Tod in der Blüte schon warten sieht,
und immer und immer sich neu verschenkt. –

Über tredition

Eigenes Buch veröffentlichen

tredition wurde 2006 in Hamburg gegründet und hat seither mehrere tausend Buchtitel veröffentlicht. Autoren veröffentlichen in wenigen leichten Schritten gedruckte Bücher, e-Books und audio-Books. tredition hat das Ziel, die beste und fairste Veröffentlichungsmöglichkeit für Autoren zu bieten.

tredition wurde mit der Erkenntnis gegründet, dass nur etwa jedes 200. bei Verlagen eingereichte Manuskript veröffentlicht wird. Dabei hat jedes Buch seinen Markt, also seine Leser. tredition sorgt dafür, dass für jedes Buch die Leserschaft auch erreicht wird.

Im einzigartigen Literatur-Netzwerk von tredition bieten zahlreiche Literatur-Partner (das sind Lektoren, Übersetzer, Hörbuchsprecher und Illustratoren) ihre Dienstleistung an, um Manuskripte zu verbessern oder die Vielfalt zu erhöhen. Autoren vereinbaren direkt mit den Literatur-Partnern die Konditionen ihrer Zusammenarbeit und partizipieren gemeinsam am Erfolg des Buches.

Das gesamte Verlagsprogramm von tredition ist bei allen stationären Buchhandlungen und Online-Buchhändlern wie z. B. Amazon erhältlich. e-Books stehen bei den führenden Online-Portalen (z. B. iBookstore von Apple oder Kindle von Amazon) zum Verkauf.

Einfach leicht ein Buch veröffentlichen: **www.tredition.de**

Eigene Buchreihe oder eigenen Verlag gründen

Seit 2009 bietet tredition sein Verlagskonzept auch als sogenanntes "White-Label" an. Das bedeutet, dass andere Unternehmen, Institutionen und Personen risikofrei und unkompliziert selbst zum Herausgeber von Büchern und Buchreihen unter eigener Marke werden können. tredition übernimmt dabei das komplette Herstellungs- und Distributionsrisiko.

Zahlreiche Zeitschriften-, Zeitungs- und Buchverlage, Universitäten, Forschungseinrichtungen u.v.m. nutzen diese Dienstleistung von tredition, um unter eigener Marke ohne Risiko Bücher zu verlegen.

Alle Informationen im Internet: **www.tredition.de/fuer-verlage**

tredition wurde mit mehreren Innovationspreisen ausgezeichnet, u. a. mit dem Webfuture Award und dem Innovationspreis der Buch Digitale.

tredition ist Mitglied im Börsenverein des Deutschen Buchhandels.

Dieses Werk elektronisch lesen

Dieses Werk ist Teil der Gutenberg-DE Edition DVD. Diese enthält das komplette Archiv des Projekt Gutenberg-DE. Die DVD ist im Internet erhältlich auf **http://gutenbergshop.abc.de**

MIX

Papier | Fördert
gute Waldnutzung

FSC® C083411

Zeitfracht Medien GmbH
Ferdinand-Jühlke-Straße 7
99095 Erfurt, Deutschland
produktsicherheit@kolibri360.de